BEI GRIN MACHT SICH IHR WISSEN BEZAHLT

AF151270

- Wir veröffentlichen Ihre Hausarbeit,
  Bachelor- und Masterarbeit

- Ihr eigenes eBook und Buch -
  weltweit in allen wichtigen Shops

- Verdienen Sie an jedem Verkauf

Jetzt bei www.GRIN.com hochladen
und kostenlos publizieren

Anonym

Die Entstehung der Musikrichtung Techno

GRIN Verlag

Bibliografische Information der Deutschen Nationalbibliothek:

Die Deutsche Bibliothek verzeichnet diese Publikation in der Deutschen National-
bibliografie; detaillierte bibliografische Daten sind im Internet über http://dnb.d-
nb.de/ abrufbar.

Impressum:

Copyright © 2014 GRIN Verlag GmbH
Druck und Bindung: Books on Demand GmbH, Norderstedt Germany
ISBN: 978-3-656-82409-1

Dieses Buch bei GRIN:

http://www.grin.com/de/e-book/282854/die-entstehung-der-musikrichtung-techno

GRIN - Your knowledge has value

Der GRIN Verlag publiziert seit 1998 wissenschaftliche Arbeiten von Studenten, Hochschullehrern und anderen Akademikern als eBook und gedrucktes Buch. Die Verlagswebsite www.grin.com ist die ideale Plattform zur Veröffentlichung von Hausarbeiten, Abschlussarbeiten, wissenschaftlichen Aufsätzen, Dissertationen und Fachbüchern.

Besuchen Sie uns im Internet:

http://www.grin.com/

http://www.facebook.com/grincom

http://www.twitter.com/grin_com

Fakultät für Erziehungswissenschaft

SS 2014

Modulbezogene Vertiefung im Modul "Professionelles Handeln und Qualität

BA-EW-Kernfach

Referatsausarbeitung zum Thema „Entstehung von Techno,,

Abgabe: 22.09.14

Inhaltsverzeichnis

1. Einleitung

Das Musik-Genre „Techno" ist eine Verschmelzung von verschiedenen Arten der elektronischen Musik. In den 1990er Jahren erlebte die Techno-Musik eine sogenannte Blütezeit. Infolgedessen entstand auch eine jugendliche Subkultur.

Die vorliegende Arbeit beschäftigt sich mit der Entstehung von Techno und den szenespezifischen Aspekten. Zunächst soll definiert werden was Techno ist. Anschließend sollen die Anfänge der elektronischen Musik dargestellt werden. Es folgen die Einflüsse auf die Techno-Musik. Dabei werden die Musik-Genres „Disco", Hip-Hop" und „House" vorgestellt. Im weiteren Verlauf der Arbeit werden die Entwicklung der elektronischen Musik in Großbritannien und der Bundesrepublik beschrieben. In dem anschließenden Kapitel werden die Subgenres von Techno vorgestellt wie Ambient, Trance, Hardcore und Gabber. Zudem werden die szenespezifische Aspekte wie die sogenannten Raves, die Kleidung und Kommunikationsmedien dargestellt. Im letzen Kapitel folgt ein abschließendes Fazit.

Die Grundlage des Referats war die Literatur von Erik Meyer und Ronald Hitzler.

2. Entstehung von Techno

2.1 Definition von Techno

Techno lässt sich nach Larkin beschreiben als „percussion based electronic dance music, characterized by stripped down drum beats and basslines"(Larkin 1994, S. 35). Anhand dieser Definition beschreibt Meyer, dass Techno durch den Einsatz von elektronischen Instrumentarien zur Erzeugung von elektronischen Klangerzengissen gekennzeichnet ist. Dabei liegt der Fokus auf den Rhythmus. Demzufolge gibt es eine Abgrenzung zu anderen Musikstilen, bei denen beispielsweise die Konzentration auf Gesang liegt (vgl. Meyer 2000, S. 35).

2.2 Die Anfänge der elektronischen Musik

Mit der Möglichkeit Musik aufzuzeichnen, zu bearbeiten und zu erzeugen beginnt auch die Geschichte der elektronischen Musik. Dafür gab es zwei technologische Voraussetzungen: Zum einen Herstellung der Elektronenröhre und zum anderen die Magnettonaufzeichnung. Die Elektronenröhre wurde in den Jahren 1903 bis 1913 entwickelt, während die Magnettonaufzeichnung erst später (1927 bis 1939) entwickelt wurde. Durch die Elektronenröhre war es möglich, Schwingungen in Liedern zu erzeugen oder zu verstärken. Mit der Magnettonaufzeichnung konnten Tonbänder von Liedern aufgenommen werden und somit auch verändert werden. Ein Beispiel dafür sind Geräusche, die nun in Lieder eingefügt werden konnten. Diese Kompositionsrichtung wird als Bruitimus bezeichnet, d.h. Geräusche werden als musikalisches Material miteinbezogen. Infolgedessen entstand in den 1940er Jahren die sogenannte Musique concrète. Dieser Begriff wurde von Pierre Schaeffer eingeführt (vgl. Meyer 2000, S. 36). Bei der Musique concrète wurden Klänge aller Art verarbeitet. Diese Klänge stammen beispielsweise von Musikinstrumenten, Geräusche aus der Natur oder dem täglichen Leben. Diese Klänge wurden aufgezeichnet, bearbeitet und verfremdet (vgl. http://www.wissen.de/lexikon/musique-concrete (25.05.14)). Die Musique concrète hatte einen entscheidenden Einfluss auf die Entstehung von elektronischer Musik und ebenfalls auf die ersten Studioproduktionen. Ein weiterer entscheidender Faktor für die Entstehung der elektronischen Musik war das Medium des Rundfunks. Beim Rundfunk gab es sowohl Interesse an neuen musikalischen Innovationen als auch das Potenzial zur Finanzierung von teurem sogenanntem Studioequipment. Der Komponist Karl-Heinz Stockhausen begann in den 1950er Jahren mit seinen ersten Experimenten, dies geschah in den Studios des NDR. Ein weiterer bedeutsamer Faktor für die Entwicklung elektronischer Musik war der erste in Serie produzierte Synthesizer von Robert Moog. Dieser Synthesizer war der erste, der in alle wichtigen Geräte im Tonstudio zusammengefasst hat.

Alte Titel wie beispielsweise von Johann Sebastian Bach konnten mit einem Moog-Syntesizer eingespielt und verändert werden. Diese neuen Erzeugnisse machten den Synthesizer auf weltweit bekannt. Folglich führte es auch zu neuen Experimenten mit elektronischer Musik (vgl. Meyer 2000, S. 36ff.). Besonders viele Musiker bzw. aus dem Genre des sogenannten Krautrock arbeiteten mit diesen Synthesizern. Der Begriff Krautrock wurde von der englischen Presse geprägt. Diese Art von Rockmusik war besonders durch das Instrumentale und auch die Improvisation gekennzeichnet. Einen entscheidenden Einfluss auf die elektronische Musik hat die Formation „Kraftwerk". Im Jahr 1974 veröffentlichen Kraftwerk ihren Hit „Autobahn". „Kraftwerk" verzichteten fast vollständig auf instrumentell eingespielte Lieder (vgl. ebd.). Stattdessen erreichten „Kraftwerk" „durch die Kombination von Synthesizer, Sequenzer und Rhythmusgeräten die Möglichkeit, den Ablauf der musikalischen Präsentation insgesamt zu verändern" (Meyer 2000, S. 38). Der Gesang der Mitglieder wurde oftmals verfremdet. Des Weiteren war die Formation „Kraftwerk" für eine ästhetische Gestaltung ihrer Auftritte bekannt. Auf ihren Konzerten waren alle Mitglieder einheitlich gekleidet und bewegten sich wenig. Oftmals traten auch Puppen auf, die ihnen nachempfunden waren. In dieser Darstellungsweise auf Konzerten spiegelt sich „die futuristische Erwartung einer Fusion von Mensch und Maschine" (Meyer 2000, S. 38).

In der weiteren Entwicklung grenzte sich Punk von der orchestralen Kompositionsrichtung ab. Musiker wie Jean-Michel Jarre konzentrierten sich wieder auf die konventionellen Instrumente der Rock-Musik. Es entwickelte sich das Genre „Industrial Music". Die Songs dieses Genre haben sowohl eine elektronische Elemente als auch Elemente des Punks. Des Weiteren war die inhaltliche Ausrichtung dieses Genres, dass gesellschaftliche Tabus in den Liedern thematisiert wurden.

Eine Verbesserung der Synthesizer und auch, dass diese nun erschwinglicher wurden, führten zu der Entwicklung des sogenannten Synthi-Pop in Großbritannien. Bekannte Bands waren „Depeche Mode" oder „Duran Duran". In der Bundesrepublik entwickelte sich das Genre die „Neue Deutsche Welle (NDW)". Zunächst wirken die Titel auf den Zuhörer trivial (vgl. Meyer 2000, S. 36ff.).

2.3 Die Einflüsse auf die Techno-Musik

2.3.1 Disco

Der charakteristische Disco-Sound entwickelte sich in eigenen New Yorker Diskotheken. Francis Grosso kann als einer der Erfinder dieses Genres bezeichnet werden. Grosso legte nicht einfach nur Platten auf, stattdessen manipulierte er sie: Er verband zwei Schallplattenspieler mit einem Mischpult. So entstand ein nahtloser Übergang zwischen zwei Titeln. Zudem regulierte Grosso an einem Plattenspieler die Laufgeschwindigkeit oder spielte zwei Stücke gleichzeitig. Das gelang Grosso, indem er die Instrumentalpassage eines Liedes mit einer Vokalpassage eines anderen kombinierte. Das Charakteristikum des Disco-Sound ist, dass der Gesang nicht im Fokus steht, sondern die motorische Animation durch den Disco-Beat im 4/4 Metrum. Dadurch gab es die Möglichkeit existierende Musiktitel durch Betonung des Rhythmus an Disco-Lieder anzupassen. Es entstanden die sogenannten Remixe. Francis Grosso arbeitete in den 1960er Jahren in einer Discothek in New York, die hauptsächlich von homosexuellen Männern besucht wurde. Die Homosexualität wurde offen ausgelebt. Zudem wurden durch die afro-amerikanische und latein-amerikanische Minderheit Drogen wie Amphetamine konsumiert. Beides war, nach Meyer, ein Charakteristikum dieser Szene. Erst Ende der 1970er Jahren wurden erste kommerziell erfolgreiche Lieder veröffentlicht. Die Disco-Musik hatte auch Einfluss auf deutsche Produzenten wie Frank Farian, der Titel wie „Fly Robin Fly" produzierte. In Deutschland wurden die Titel, anders als in den USA, mit Synthesizern statt mit Streichinstrumenten eingespielt. Zu einem weltweiten Bekanntheitsgrad gelang die Disco-Musik durch den Film „Saturday Night Fever". Anhand des Hauptprotagonisten John Travolta wird der wöchentliche Disco-Besuch mit den subkulturellen Elementen wie Kleidung oder Tanzstil beschrieben.

2.3.2 Hip-Hop

Hip-Hop hatte ebenfalls Einfluss auf die Entstehung von Techno. Ab Mitte der 1970er Jahre entwickelte sich Hip-Hop in New York. Hip-Hop wurde ein Gegenstück zur Disco-Bewegung. Im Mittelpunkt bei den afro-amerikanischen und hispanischen Jugendlichen waren sogenannte „block Partys" in Schulen oder Parks. Dabei waren eine mobile Kombination aus Plattenspieler, Mischpult, Verstärkern und leistungsstarken Lautsprechern ist wichtiger Bestandteil auf den Partys. Ein Veranstalter von „block Partys" war Clive Campell (Künstlername: Kool DJ Herc). Dieser begründete ein wichtiges Element des Hip-Hop: Mithilfe eines Mikrofons, das mit einem Verstärker verbunden war, hat Kool DJ Herc sein Publikum durch Sätze oder Wörter animiert (vgl. Meyer 2000, S. 43ff.).

Zudem gab während dieser Zeit wenig Instrumentalversionen von bekannten Stücken. Aus diesem Grund wurden viele Instrumentalteile immer wieder von DJs wiederholt oder mit anderen Liedern vermischt. Diese Instrumentalteile werden als „breaks" bezeichnet. Für diese Technik sind zwei Plattenspieler notwendig. Der DJ kann zwischen den beiden Plattenspielern wechseln und somit auch Platten vorbereiten. Das Publikum hört nur die Musik des einen Plattenspielers. Die „breaks" wurden einen wichtiges Element der Szene. Tänzer (sogenannte breakdancer) führten bei den Passagen solistische Einlagen auf. Die Tänzer konkurrieren gegeneinander, daher sind die Einlagen besonders ausgefallen und artistischen geprägt.

Diese Tanzeinlagen wurden auch auf der Straße oder anderen öffentlichen Plätzen vorgeführt. Die Musik wurde dabei durch tragbare Kassettenrecorder abgespielt. Diese Wettbewerbe gab es auch zwischen den DJs. Der „Sieg" hing von der von der Anzahl der Tänzer ab (vgl. ebd.). Zudem ist es entscheidend, welcher DJ das Publikum am meisten begeistern kann. Durch die Wettbewerbe kam es zu verschieden Neuerungen, zum einen frühere der DJ Granmaster Flash das „backspinning" ein, d.h. kurze Elemente aus Stücken werden wiederholt. Zum anderen entstand das „scratching": Scratching bedeutet, dass Töne durch ein rhythmisches Hin- und Herbewege einer laufenden Schallplatte erzeugt werden. Der DJ Afrika Bambaataa begeisterte sein Publikum ab 1976 sein Publikum mit Platten, die kein anderer zu diesem Zeitpunkt spielte, wie Titelmelodien von Fernsehserien oder Spielfilmen. Ein weiteres charakteristisches Element der Hip-Hop-Szene war es, auch mit den einfachsten Bedingungen, die größtmöglichen Effekten zu erzielen. Anders als bei Disco-Musik gab es keine teures Studio-Equipment. Zudem waren die Disco-Besuche für viele Jugendlichen nicht erschwinglich. Discotheken, wie das Studio 54, waren nur für ein exklusives Publikum zugänglich. Der kommerzielle Erfolg entstand durch den Tanzfilm „Flashdance" und die Abschlussfeier der Olympischen Spiele im Jahr 1984 (vgl. Meyer 2000, S. 43ff.).

2.3.3 House

Anfang der 1980er Jahre entwickelte sich aus dem Genre Disco die Variante „High Energy". Ein Kennzeichen von „High Energy „ist die musikalische Intensität, d.h. die Musik ist auf den Rhythmus reduziert. Nach der Verbreitung in den Diskotheken wurden in Chicago erste Audio-Kassetten von DJs in heimischen Plattenstudios aufgenommen. Ein bekannter DJ der House-Szene war Farly Jackmaster Funk. Dessen Künstlername bezieht sich auf das Motiv der Szene: „to jack" bedeutet umgangsprachlich „jemanden auf Touren zu bringen". Damit ist nicht nur das Tanzen gemeint, sondern auch das ekstatische Erleben des Körpers durch die Musik. Ab dem Jahr 1986 entwickelte sich eine Variante von House durch die Verwendung von Bass-Synthesiziern. Bei der Manipulation entstand ein verzerrtes und „ätzend" klingendes Geräusch. Dies führte zu Produktionen von sogenannten Acid Trax, die später ein eigenständiges Subgenre den Acid House hervorbrachte.

2.3.4 Techno

High Energy ist das Bindeglied von Disco und House. Aus dem Hip-Hop entwickelte sich der Electro. Ein wichtiger Faktor für die Entwicklung von Techno sind die Produktionen des bereits erwähnten Africa Bambaataa, in denen er mit einen Rhythmusgerät (Roland 808) und einer elektronischen Verfremdung von Stimmen arbeitete.

Einen ähnlichen Sound hatte die Formation Cybotron. Cybotron produzierten eigene Maxi-Singles wie „Techno-City". Diese Single stellte eine Hommage an Detroit dar. In Detroit, die als „Autostadt" bekannt ist, wurden viele Prozesse in den Produktionenstätten automatisiert. In den Song „Techno-City" ist die Musik durch Maschinen nun auch im Mittelpunkt der musikalischen

Umsetzung. In diesem Element ist die Begründung für das Genre „Techno". Des Weiteren soll Techno anders als das harmonische House, die schwierige wirtschaftliche und soziale Situation in Detroit beschreiben (vgl. Meyer 2000, S. 50).

2.4 Elektronische Musik in Großbritannien

Von den USA gelang der Techno nach Ibiza. In den 1980er Jahren war Ibiza besonders bei den britischen Touristen beliebt. Ab 1987 richteten begeistere Briten private Techno-Partys aus. Später kamen Club-Abende hinzu. In Anlehnung an den Herkunftsort wurde dieses neue Genre „Balearic Beat" genannt. Ein Kennzeichen des „Balearic Beat" war eine legere Freizeitkleidung. Dieses stellte einen Gegensatz zu den restlichen Londoner Clubs dar. Ab dem Jahr 1988 nutzen die Club-Betreiber sogenannte Flyer mit Smileys als Logo zur Werbung. Der Smiley wurde das Symbol der Acid-House-Szene (vgl. Meyer 2000, S. 51ff.). Im Herbst 1988 begannen die Massenmedien in Großbritannien Artikel über die Einnahme von Extasy-Pillen auf Acid-House-Partys, zu schreiben. Infolgedessen wurde die Acid-House-Szene in der öffentlichen Wahrnehmung nur mit der Droge verbunden. Es entstand eine negative öffentliche Meinung in der Gesellschaft. Durch den gesellschaftlichen Druck, begann die Polizei mit Maßnahmen gegen diese Partys. Im Fokus waren nicht nur die Diskotheken, sondern auch die sogenannten warehouse Partys, die in alten Lagerhallen oder extra angemieteten Räumlichkeiten stattfanden. Ein Vorteil der „warehouse Partys" war es, die restriktiven Sperrstunden umgehen zu können. Unter den schwierigen Bedingungen, wie die das negative öffentliche Bild, entstand das Konzept des Raves. Im Jahr 1989 gab es Acid-House-Partys mit ca. 17.000 Teilnehmern. Die Lokalität der Raves wurde vor der Polizei geheim gehalten. Die Adresse wurde hauptsächlich über sogenannte Piraten-Radiosender verbreitet. Die Polizei wollte diese konspirativen Partys verhindern und gründete dafür eine eigene Polizeieinheit (Pay Party Unit). Zudem wurde unter der Premierministerin Margret Thatcher ein Gesetz erlassen, dass eine Konfiszierung von Einnahmen aus privaten Partys vorsah (vgl. ebd.)

2.5 Techno in der Bundesrepublik

Seit Mitte der 1980er Jahre gab es Club-Abende in Deutschland, die unter dem Namen Techno-Club veranstaltet wurden. Der DJ Talla 2XLC veröffentliche mit „Techno-Talk" eine der ersten deutschen Produktionen für elektronische Musik im Jahr 1985. Ab Mitte der 1980er Jahre gab es Berlin, die Diskothek „Metropol", die regelmäßig elektronische Musik gespielt hat. Sven Väth veröffentliche erste kommerziell erfolgreiche Lieder. Einen sogenannten Techno-Boom gab es nach dem Fall der Mauer im November 1989. Ein Grund dafür war, dass das SED-Regime keinen Einfluss mehr hatte. Somit wollten viele ihre neu gewonnene Freiheit ausleben. Viele leerstehende Objekte wurden für Partys genutzt.

3. Subgenres von Techno

Anfang der 90er entstanden weitere Subgenres von Techno. Die folgenden Subgenres sind zu einem festen Bestandteil der Techno-Szene geworden.

3.1 Ambient

Die Bezeichnung dieses Subgenres bezieht auf die musikalischer Produktionen von Brian Eno. Dieser produzierte zwischen 1978 und 1982 vier Alben unter dem Titel „Ambient". Seine Titel wurden mit elektronischen Instrumenten erzeugt. Allerdings gibt es fast keine rhythmischen Elemente in seinen Liedern. Stattdessen sind seine Lieder ruhig und eher akustisch. Dadurch sollen die Disco-Besucher sich „abkühlen" und sich ausruhen (vgl. Meyer 2000, S. 57ff.)

3.2 Trance

Ein Charakteristikum des Trance sind sowohl melodische Elemente als auch harmonische Sphärenklänge. Des Weiteren werden die Lieder in einem schnellen Rhythmus abgespielt. Ein verwandtes Genre ist das sogenannte GOA. Dieses Genre geht auch Veranstaltungen von sogenannten Hippies auf der indischen Insel Goa zurück. Zudem soll sich das Bewusstsein durch die Musik verändern (vgl. Meyer 2000, S. 57ff.).

3.3 Hardcore

Hardcore bezeichnet verschiedene Arten von Techno. Hierbei sind die Songs minimalistisch und monoton gestaltet. Aus diesem Grund wirken sie auf die Zuhörer besonders aggressiv (vgl. Meyer 2000, S. 59.)

3.4 Gabber

Beim Subgenre Gabber wird das Tempo im Gegensatz nochmal gesteigert (über 200 bpm). Entstanden ist dieses Subgenre in Rotterdam, vor allem durch die Rivalität der lokalen Fußballvereine. Aus diesem Grund wurde dieses Genre hauptsächlich von Fußballfans wahrgenommen. Erst später gab es kommerziell erfolgreiche Produktion. Ebenfalls wurden in den Niederlanden die ersten Raves veranstaltet. Auf diesem wurden vorwiegend Gabber gespielt (vgl. Meyer 2000, S. 59.)

4. Szenespezifische Aspekte der Jugendkultur Techno

4.1 Raves

Rave bedeutet aus dem Englischen übersetzt so viel wie „toben, rasen oder phantasieren". Entstanden sind die sogenannte Raves ca. gegen Ende der 1980er Jahre, während der Acid-House-Bewegung. Raves sind Tanzveranstaltungen, die an ganz unterschiedlichen Orten stattfinden können. Beispiele für dafür sind Hallenkomplex, ein Open Air Gelände, Flughäfen oder ein großes Sonnenblumenfeld (vgl. Hizler 2001, S. 12). Die meisten Räumlichkeiten wurden von den Betreibern legal gemietet. Es gibt auch Ausnahmen, bei denen Raves ohne Genehmigung veranstaltet wurden. Ein Beispiel für einen legalen Rave, ist die „Mayday" in der Dortmunder Westfalenhalle. Die „Mayday ist eine, der kommerziell erfolgreichsten Raves. Im Jahr 1994 nahmen ca. 25.000 Besucher an der Mayday teil (vgl. Meyer 2000, S. 80ff.). Ein Kennzeichen von Raves sind die verschiedenen Tanzbereiche („areas" oder „floors"), auf denen die unterschiedlichen Genres gespielt werden. Daher treten mehrere DJs gleichzeitig auf. Ein anderes Charakteristikum ist die Dauer der Raves: Raves orientieren sich nicht an Sperrstunden und dauern oftmals über mehrere Tage (vgl. ebd.). Ein weiteres charakteristisches Element ist die aufwendige Dekoration der Räumlichkeiten auch mit Lichtinstallationen (vgl. ebd.).

Des Weiteren ist nach Hitzler zwischen Raves und einer Party-Nacht in einem Club zu unterscheiden. Ein Club-Abend ist eine sich wöchentlich oder monatlich wiederholende Veranstaltung mit einem gleichen Ablauf oder einer gleichen Verlaufskurve: Beginn, Aufwärmphase, Höhepunkte, Ausklang und Ende. Dagegen sind Raves besondere Ereignisse. Die Teilnehmer wollen Probleme und Sorgen im Alltag vergessen. Nach Hitzler ist die habituelle Grundhaltung bei einer Club-Nacht „Coolness" durch die vertraute Situation, dagegen ist die Grundstimmung beim Rave eher die Ausgelassenheit oder Exhibitionismus (vgl. Hitzler 2001 S.12f.).

4.2 Szenespezifische Kleidung und Stilelemente

Durch die Teilnahme an einem Rave oder einen Besuch einer entsprechenden Disco signalisieren die Besucher, dass sie zur Techno-Szene gehören. Natürlich ist nicht jeder Besucher ein Mitglied der Techno-Szene. Aus diesem Grund tragen die Raver (die Akteure auf den Raves) szenespezifische Kleidung. Dabei sind die Stilmerkmale nicht so streng codiert. Ein Stilelement sind Tattoos oder Piercings bei beiden Geschlechtern. Männer piercen sich häufig eine Augenbraue, während Frauen sich den Bauchnabel, die Zunge oder den Nasenflügel piercen lassen. Ein sportlicher Körper ist ebenfalls von Bedeutung, da durch wird diesem, die szenespezifische

Kleidung der Körper präsentiert wird. Daher tragen viele weibliche Raver tragen enganliegende T-Shirts und bauchfreie Tops. Bei Raves im Sommer werden häufig nur BHs oder Bikini-Oberteile getragen. In den 90er Jahren war der sogenannte Girlie-Look ein wichtiges Stilelement: Viele jungen Frauen trugen eine Frisur mit Zöpfen, kurz geschnittenen Hosen wie den sogenannten Hotpants und Accessoires wie ein Schnuller(Meyer 2000, S. 84f.).

4.3 Medien der Techno-Szene

4.3.1 Flyer
Meyer beschreibt, dass die sogenannten Flyer das wesentliche Kommunikationsmedium der Techno-Szene sind. „Flyer" dienen dabei der Ankündigung von Veranstaltungen. Wie schon beschrieben, mussten viele Veranstaltungen in Großbritannien geheim gehalten werden. Auf den „Flyer" standen die Daten und die Orte der Veranstaltung. Die „Flyer" waren kopierte Handzetteln, die an einen bestimmten Personenkreis verteilt wurden (vgl. Meyer 2000, S. 93f.). Nach Meyer wurden die Flyer „zunehmend zu einem Instrument des Marketings im Sinne einer zielgruppenspezifischen Ansprache potenzieller Interessen" (vgl. Meyer 2000, S. 94). Ein Charakteristikum war die grafische Gestaltung mit der die Attraktivität der Veranstaltung verdeutlicht werden sollte. Durch die Kommerzialisierung wurden die „Flyer" immer aufwendiger gestaltet (vgl. ebd.).

4.3.2 Fanzines
Die „Fanzines" sind ein weiteres Medium der Techno-Szene. „Fanzines" sind spezielle Spartenzeitschriften, die von Fans für Fans der Szene hergestellt werden und sich auch somit an diese richtet. Diese Zeitschrift werden in kleinen Auflagen gedruckt. Inhalte sind beispielsweise Konzertrenzensionen oder Interviews mit Musikern.

5. Fazit

Im Rahmen dieser Ausarbeitung sollte dargestellt werden, dass die Techno-Szene durch verschiedene Einflussfaktoren entstanden ist. Die Szene unterlag dabei einem ständigen Wandel. Die 1990er Jahre waren die „Blütezeit" der Techno-Szene. Durch szenespezifische Kleidung und Kommunikationsmittel gab es eine Abgrenzung zu anderen Subkulturen. Durch die Weiterentwicklung von verschieden Subgenres ist Techno immer noch ein fester Bestandteil der heutigen Musikwelt.

6. Literaturverzeichnis

Hitzler, Ronald/Pfadenhauer, Michaela (2001): Techno-Soziologie. Erkundungen einer Jugendkulutur. Opladen: Leske und Budrich.

Meyer, Erik (2000): Die Techno-Szene. Ein jugendkulturelles Phänomen aus sozialwissenschaftlicher Perspektive. Opladen: Leske und Budrich.